LE
CRI DES VICTIMES
DU
DUC DE CAZES.

IMPRIMERIE DE DOUBLET, RUE GIT-LE-CŒUR.

LE CRI DES VICTIMES

DU

DUC DE CAZES,

Suivi d'Additions au Projet d'Acte d'accusation par M. Clausel de Coussergues,

et d'un EXTRAIT DU *NEW-TIMES* sur cet ex-ministre.

Détestable flatteur, présent le plus funeste
Qu'ait pu faire aux Français la colère céleste.

A PARIS,

Chez
PONTHIEU, Libraire, Palais-Royal, galerie de bois, n°. 201 ;
LE NORMANT, rue de Seine ;
DENTU, Palais-Royal.

1820.

LE
CRI DES VICTIMES

DU

DUC DE CAZES.

Dᴇʟᴇɴᴅᴀ ᴇsᴛ Cᴀʀᴛʜᴀɢᴏ, s'écriait sans cesse l'inflexible Caton dans le sénat romain. Ce cri patriotique enflamma la haine nationale; la rivale de Rome cessa d'exister. Il faut accuser M. de Cazes : telle est la demande de M. Clausel de Coussergues, au nom d'une victime auguste, de la justice, de la famille royale, de tous les amis de l'ordre et de la légitimité, c'est-à-dire de la France entière, moins les libéraux qui cependant ont accablé, par les plus virulentes philippiques, ce ministre traître et prévaricateur.

Dès le 14 février, M. Clausel de Coussergues, la mort dans le cœur, et tremblant pour les jours de la famille royale, demanda un décret d'accusation contre cet homme de malheur, ce protecteur des doctrines les plus subversives qui,

1

sûrement, avaient armé le bras d'un sombre et féroce fanatique. Honneur, éternel honneur, immortelle reconnaissance à ce loyal et énergique député qui par cette glorieuse initiative a eu le courage de braver la toute-puissance du coupable favori, et le courage plus grand peut-être, et plus utile, d'opposer le silence aux calomnies, aux provocations. Sage temporiseur, il a éludé l'action des complices qui réclamaient le rôle d'accusateur pour paralyser l'accusation et sauver le coupable. Nouveau Fabius, M. de Coussergues a ainsi élevé et consolidé le monument de son héroïque fidélité, le monument de la perversité conspiratrice de son adversaire. Que tout bon Français admire la silencieuse résignation de M. de Coussergues! Sans elle l'ennemi public serait peut-être à son poste ; il conspirerait encore contre une famille infortunée, contre sa patrie. S'il est loin de nous, s'il en est séparé par la mer, n'en doutons pas, c'est à la fermeté, à la sage lenteur de M. de Coussergues que la France doit cet éloignement tutélaire ; une révélation intempestive aurait tout perdu.

Il a enfin paru cet écrit accusateur si ardemment desiré depuis près de six mois. Ce long intervalle, et la trop juste impatience d'un public

avide d'expiation, pouvait et devait affaiblir l'effet
de cette production; cependant tel est l'ascendant de la justice, de la raison et de la vérité,
qu'on s'arrache ce couargeux et tardif manifeste.
Espérons qu'il formera une indestructible opinion, et qu'un décret accusateur, levant enfin
une dernière cataracte, livrera enfin ce grand
coupable à une justice vengeresse. Osera-t-il se
présenter devant elle ?... Non, non, malgré son
audace, son impudence et l'appui de sa fournée.
Tel on vit Roberspierre dont un simple coup
d'œil était la veille un arrêt de mort, subitement
frappé par un décret d'accusation, et, ne pouvant fuir, descendre à l'instant même au rôle de
suppliant, et mendier avec bassesse l'appui d'un
parti que sa fureur sanguinaire avait décimé.

Essayons d'analyser cette production remar-
quable dans laquelle on voit éclater la coura-
geuse loyauté d'un député, la sévère impartialité
d'un magistrat intègre. Les innombrables preuves
que l'auteur a été obligé de recueillir pour étayer
son édifice, ont rendu l'ouvrage volumineux et
cher; son prix n'est pas à la portée de tout le
monde; il importe cependant que la France
entière connaisse les élémens de cette importante accusation. Cette considération nous a dé-
terminés à présenter la substance des faits et des

preuves dans un cadre plus resserré qui garantira un plus grand nombre de lecteurs. D'ailleurs M. de Coussergues n'a point traité le vaste chapitre des concussions, d'autant plus effroyable qu'il a été fait un exécrable usage de leur produit. *Je laisse*, a-t-il dit, *à d'autres le soin de traiter cette question importante.* Ce legs *important*, nous nous empressons de le recueillir avec la certitude qu'il ajoutera encore à la trop juste horreur contre cet homme, plus funeste peut-être à la France et à l'Europe que la révolution.

Du moment que M. de Cazes, par un inexplicable caprice, dégagea la liberté de la presse des entraves qu'il avait lui-même sollicitées, les écrivains de tous les bords se déchaînèrent avec fureur contre le coupable auteur de toutes nos calamités. La réaction fut proportionnée à la violence de l'action; ils se disputèrent l'honneur de dévoiler sa profonde perversité. On n'a sans doute oublié ni les attaques des journalistes si long-temps baillonnés, ni *le Projet d'acte d'accusation*, ni *les nouvelles preuves de la conspiration constante contre les Bourbons et les rois de l'Europe*, ni *l'Homme des Gibeaux*, fulminés par un ardent de la légitimité qu'on trouve toujours sur la brèche qu'il a souvent ouverte.

C'est dans ce vaste champ que M. de Coussergues a pris les principaux matériaux de son
travail; mais il lui restait l'immense devoir de
recueillir toutes les preuves des faits qui n'étaient
souvent qu'indiqués, pour le rendre digne des
regards de la justice nationale. C'est ce qu'a fait
l'accusateur avec une patience infatigable; aussi
ce redoutable athlète est-il descendu dans l'arène
armé de toutes pièces. Mais je suis très convaincu
que si la crainte d'un retour, officieusement semée
par les nombreux complices de M. de Cazes,
n'avait pas intimidé quelques pusillanimes déten-
teurs, M. de Coussergues aurait pu augmenter
le nombre de ses chefs d'accusation DÉJA POR-
TÉS A VINGT-TROIS, et dont plusieurs empor-
tent la peine capitale. Mais commençons:

M. de Coussergues prend son adversaire dès
son origine; il le peint d'abord familier de la
maison de Buonaparte, à laquelle il doit sa première fortune. Pourquoi faut il que sa reconnaissance lui ait fait oublier celle qu'il devait à
l'auteur de sa rapide élévation? Après avoir végété
dans des emplois de boudoir, ou d'antichambre,
ou de bureau, il se glissa dans la magistrature...
Pauvres plaideurs!.. Son patron s'évanouit. Après
une courte éclipse il reparaît; M. de Cazes s'en
éloigne par calcul. La seconde restauration ar-

rive ; Fouché (ô honte ! ô douleur), Fouché resté ministre, comptant sur lui, le désigne pour l'importante préfecture de police de Paris. Fouché est renversé, son protégé lui succède. Pour masquer ses projets conspirateurs, il affiche un royalisme brûlant, exalte par des rapports mensongers et astucieusement perfides une assemblée enflammée par son ardent amour pour la légitimité, par une violente haine contre les hommes du 20 mars; il provoque des lois contre la liberté individuelle. Plusieurs députés, depuis si indignement qualifiés d'ultrà, si cruellement signalés à la fureur des libéraux, notamment MM. de Chifflet et de Corbière, veulent modifier l'ardente fougue du ministre et régulariser son action. Il repousse tous les amendemens *au nom du Roi*, contre tous les principes du gouvernement représentatif. L'ignorant ministre va plus loin : il ose dire que le Roi, devant juger les individus arrêtés, la nation peut être tranquille sur l'application de la loi (1). Ainsi voilà tout à-la-fois le monarque érigé en juge, et, malgré son inviolabilité, chargé de l'odieux, et atteint par la responsabilité qui ne doit peser que sur les ministres. Quelle impé-

---

(1) Moniteur du 24 octobre 1815.

ritie, ou quelle perfidie! quel bouleversement de principes.

Et comment ce ministre, élevé à l'école de Buonaparte, aurait-il pu servir les Bourbons, et connaître les élémens du gouvernement représentatif, à la direction duquel il avait été inopinément appelé? A-la-fois traître, ignorant, vain, léger, présomptueux et mal entouré, il devait entasser faute sur faute, crime sur crime. C'est le moment de faire connaître les trois hommes qui avaient la plus grande part à sa confiance, puisqu'il les avait élevés aux trois places les plus importantes.

L'un d'eux, familier comme lui de Buonaparte, n'ayant pour toute aptitude aux affaires que des notions superficielles dans une science que les travaux des Jussieu, des Linnée, ont mise à la portée des intelligences les plus communes, n'avait dans le cœur que l'amour du despotisme et la haine des Bourbons; ses déclamations habituelles et virulentes contre la légitimité avaient forcé un député très recommandable à s'éloigner de la maison d'un ami, d'un compatriote non moins estimable, mais auquel son grand âge ne laissait pas la force de comprimer les transports de rage contre cette famille infortunée.

... Un second trait le peindra très bien sous un autre rapport. On se rappelle sans doute le mémoire publié par le général Canuel. Parmi les horreurs auxquelles il était exposé dans sa prison, il dit qu'on l'avait mis avec vingt-neuf ou trente galeux qui méphytisaient l'air, et déposaient partout des germes contagieux. Un homme très connu, très humain, s'empresse de révéler ce fait au sous-visir, en l'invitant à faire cesser les motifs d'une plainte aussi honteuse pour la police. Ce n'est pas, lui répondit-il froidement, dans mes attributions; d'ailleurs le général Canuel en impose au public pour se rendre intéressant; il n'est pas vrai qu'il y ait vingt ou trente galeux, IL N'Y EN A QUE QUINZE. *Stupete, gentes.*

Le second, également léger de corps et d'esprit, n'a paru à la tribune que pour y montrer un bavardage dénué de sens et d'idées; dans la rédaction d'un journal, que pour y étaler des hiéroglyphes métaphysiques qu'il prenait, dans sa puérile présomption, pour des conceptions d'un homme d'état; ou vomir des déclamations forcénées contre la religion et ses ministres. Ce maigre et fougueux sectaire ne s'en croyait pas moins un Sully.

Le troisième, connu pour avoir escamoté une palme académique, pour avoir compilé, compilé,

compilé des matériaux, pour avoir publié une fade et prolixe histoire, morte en naissant, d'un usurpateur célèbre qu'on devait peindre à traits larges et caractéristiques, n'apportait dans ses hautes fonctions, et dans le conseil du visir, que le jargon de l'école et des phrases de rhéteur, flanquées d'une haine irréconciliable contre la dynastie.

Est-il surprenant qu'appuyé sur le maigre bagage d'un pareil triumvirat prodigue des plus basses flatteries, l'inepte et déloyal ministre ait été d'une extravagance à l'autre, ait cru pouvoir changer à son gré les destinées de l'état, et replacer l'usurpateur sur le trône duquel ses folies et son despotisme l'avaient précipité?

Cependant que va faire ce ministre ainsi conseillé, ainsi armé de lois d'exception? Les fera-t-il tourner au profit de la nation et de la légitimité? Non; fort de ce terrible lévier, il ajoute aux dispositions d'une loi de rigueur. En voici un exemple. L'article 3 prévoyant le cas « où les « motifs de prévention ne seraient pas assez graves « pour déterminer l'arrestation, le prévenu pourra « provisoirement être renvoyé sous la surveillance « de la haute police. » Cette disposition devait, comme les autres, être délibérée en conseil des ministres Point du tout : l'entreprenant ministre confère aux préfets le droit d'exil par des circulaires, notamment par celle du 23 février 1816. Pour engager les préfets à une excessive, même injuste sévérité, il ajoute ces mots terribles : « Je n'ai « pas besoin de vous rappeler que quand il « s'agit de la sûreté de l'état, *le remède le plus* « *prompt est aussi le plus juste. Ne crai-* « *gnez jamais, en agissant dans cette vue,* « *de compromettre votre responsabilité; comp-* « *tez, au contraire, sur tout mon appui.* » Il espère ainsi augmenter le nombre des victimes, élever contre le gouvernement naissant la puissance des murmures, des plaintes et des ressentimens, pour le précipiter ainsi dans l'abyme.

Le 1er. chef d'accusation porte donc sur la violation des articles 2 et 3 de la loi du 29 octobre, et de l'article 44 du Code pénal, sur la violation de la liberté individuelle d'un grand nombre d'individus ; il accuse, en outre, d'avoir abusé du nom du Roi pour repousser tous les amendemens à une loi pénale, et d'avoir annoncé que le Roi prononcerait lui-même sur l'exécution de cette loi.

Une nouvelle occasion de multiplier les ennemis du gouvernement s'offre bientôt : il la saisit avec ardeur. On vient de le voir, dans cette coupable vue, ajouter aux rigueurs d'une loi pénale; on va le voir restreindre les dispositions de la loi d'amnistie du 12 janvier 1816. L'article 5 de cette loi veut qu'elle ne soit pas applicable aux procédures commencées, ou aux jugemens intervenus avant sa *promulgation*. La loi fut proclamée le 12, et le même jour il écrit : « Vous pouvez, M. le Préfet, continuer « ou prescrire, avant la *promulgation* de la loi, « toutes les poursuites pour délits politiques qui « seraient réclamées par la gravité des accusa- « tions et par la nécessité de faire des exemples. « Vous inviterez MM. les procureurs du Roï à « agir d'office, à commencer des instructions, etc. Ainsi d'une part, après avoir constitué le Roi juge dans l'application d'une loi de rigueur, il rejette sur son gouvernement l'odieux de restreindre les bienfaits d'une amnistie, et il empiette sur les attributions du ministre de la justice.

Cette artificieuse exubérance de royalisme était un piége pour capter et trahir la confiance. C'était le vagissement du crocodile. Cette double violation de la loi, matériellement prouvée par ses circulaires, est l'objet du deuxième chef d'accusation.

Fort de ces garanties données aux royalistes et de ses lois d'exception, il lève le masque, conspire à découvert, et frappe sans pudeur comme sans ménagement, l'idole à laquelle il avait si long-temps sacrifié.

Un grand coupable, allié des Buonaparte, est condamné à mort pour la part qu'il avait prise au forfait du 20 mars; il s'évade de la Conciergerie; le ministre est soupçonné de n'être pas étranger à l'évasion ; la Chambre des députés nomme une commission pour examiner sa conduite. Le moderne Dubois s'irrite ; il ose faire entendre ces mots audacieusement rebelles : *Les ministres ne peuvent être menacés que par les ennemis du Roi* : c'est avec cette impudente maladresse qu'il repousse les soupçons de complicité : plus tard, il déclare à la représentation nationale , qu'*étant investi de la confiance du Roi, il renonce à toute autre.* Trop débonnaires législateurs , pourquoi n'avez - vous pas alors foudroyé ce nouveau Salmonée? Que de malheurs et de crimes vous auriez évités à la France !....

Son audace conspiratrice n'a plus ni borne, ni mesure. Des propositions sont faites dans la Chambre , pour le rétablissement de la religion et l'affermissement de la monarchie; il les fait attaquer par les journaux dont il dispose avec un despotisme effréné. On demande, pour arrêter ce torrent, une loi sur la responsabilité des ministres : la session est close ; les députés recueillent, en rentrant dans leurs départemens, les témoignages de la reconnaissance publique ; ces hommages solennels irritent son orgueil blessé ; la Chambre est dissoute, calomniée, vilipendée par des journalistes, sans respect pour la qualification d'introuvable, dont le Roi l'avait honorée.

Alors, sous le prétexte d'une famine systématiquement préparée, il organise les insurrections de Grenoble et de Lyon. La France, l'Europe entière connaissent le but de cette tentative en faveur de Buonaparte, les aveux de son agent Didier, l'impitoyable fureur avec laquelle il fait verser le sang de la jeunesse séduite et recommandée à la clémence du Roi; son atroce acharnement contre les généraux qui ont fait triompher le drapeau de la légitimité. L'un d'eux, enveloppé dans la plus absurde conspiration (1), a obtenu,

---

(1) A l'appui des machinations contre le général Canuel, il n'est pas hors de propos de rapporter une lettre adressée le 18 février dernier à M. le comte Anglès, par M. Tréverret, ex-chef adjoint du premier bureau de la deuxième division du ministère de la police : « C'est moi qui vous ai sauvé la publicité d'une infi-

par un arrêt solennel, une justice éclatante contre ses accusateurs; l'autre la sollicite encore en vain; tous les deux ont été dépouillés d'un commandement qu'ils avaient honoré par leur courage et leur fidélité. Ainsi l'atroce félonie de M. de Cazes nous a reportés à ces temps d'horrible mémoire, où les vertus étaient transformées en crimes, les crimes érigés en vertus. Dans ces deux affaires, les preuves sont innombrables : M. de Coussergues n'a pu éprouver que l'embarras du choix. Ces deux conspirations, évidemment l'ouvrage de M. de Cazes, forment les 5ᵉ, 6ᵉ, 7ᵉ et 8ᵉ chefs d'accusation.

La Chambre introuvable ayant été dissoute, les colléges électoraux sont convoqués; mais, après tant d'hommages publics, le visir craignait le retour des députés qui avaient demandé une

---

« nité de détails relatifs à une trame ourdie par quel-
« ques-uns de vos agens, il y a environ un an, contre
« le lieutenant-général Canuel; il ne s'agissait de rien
« moins que de se procurer l'empreinte de la clef de
« son appartement pour s'y introduire dans des in-
« tentions perfides, de conspiration à sa charge. Vous
« connûtes le projet, et néanmoins vous destituâtes le
« malheureux inspecteur qui vous le fit révéler ».
Qu'a répondu M. Anglès à cette lettre rendue publique ? Rien....

loi sur la responsabilité ministérielle ; il les fait déchirer par les écrivains libéraux, qui, en ayant l'air de servir ses passions, le jouent dans d'autres intérêts. Il exploite encore, par la plus horrible profanation, le nom sacré du Roi pour empêcher la réélection si redoutée. Voici ce qu'écrivait aux électeurs du Pas-de-Calais, un préfet trop docile à l'influence conspiratrice du ministre tout-puissant : « Je suis *autorisé* à le dire, « à le répéter, à l'écrire ; LE ROI VERRA AVEC « MÉCONTENTEMENT *siéger dans la nouvelle* « *Chambre ceux des députés qui se sont si-* « *gnalés dans la dernière session par un at-* « *tachement prononcé à la majorité opposée* « *au gouvernement.* A votre arrivée à Arras, « Monsieur, faites-moi l'honneur de venir chez « moi ; seul je puis vous faire connaître la pensée « du Roi et ses véritables intentions (1). »

Il ne se contente pas de ces insinuations doublement criminelles : il grossit ou diminue arbitrairement les colléges électoraux ; il refuse, d'après ses aveux à la Chambre, le 7 décembre 1816, à une partie des électeurs, et refuse à l'autre la faculté d'user de leur droit de

____

(1) Moniteur du 28 novembre 1816.

suffrage ; il éloigne les royalistes et appelle des hommes auxquels il avait appliqué la loi du 29 octobre, comme signalés par leur haine pour la légitimité. Ces violations des libertés électorales forment le 4ᵉ chef d'accusation.

Le 5ᵉ chef d'accusation est relatif à l'arrestation et la détention arbitraire d'un journaliste, recommandable par son ardent amour pour la légitimité, qu'il a constamment servie dans les temps les plus orageux, et qui, pour prix de tant de dévouement, a été frappé par plus de 100 mandats d'arrêt : M. Robert. A ces actes de despotisme, M. de Cazes avait joint des perquisitions dans la maison du détenu, qui n'était pas même représenté par un procureur fondé, crime prévu par l'art. 39 du Code d'instruction criminelle. Cette despotique violence est prouvée par une pétition aux Chambres, et des faits inattaquables.

Battu à Lyon et à Grenoble, blessé par l'arrêt solennel qui avait condamné ses agens comme des calomniateurs, il se livre à des machinations plus criminelles encore. Il envoie ses agens dans la Vendée, le Morhihan et la Mayenne, pour séduire les anciens soldats des armées royales, et les porter à s'armer contre Louis XVIII, pour l'héritier présomptif du trône. Par cette infernale conception il voulait à la fois flétrir les

royalistes dans l'opinion, établir des défiances
domestiques pour consolider son crédit et son
influence. Ainsi l'on avait vu Richelieu attiser
des haines de famille et pousser un prince à
des actes de rebellion. Cette effroyable combi-
naison a échoué sur tous les points; les soldats
ont resté dans la ligne de leurs devoirs, la fidélité
du prince ne s'est pas démentie; mais, plus tard,
elle a été punie avec éclat, par la perte d'un
commandement qui unissait le trône et la garde
nationale par des nœuds indissolubles.—Ses agens
sont arrêtés, livrés aux tribunaux; leurs interro-
gatoires, leurs aveux et les jugemens intervenus,
ne laissent aucun doute sur l'action corruptrice
du ministre, *sur les plans forgés et soufflés par
les officiers de police*. Cette affreuse tentative
d'embauchage est le 9 chef d'accusation.

Ainsi désappointé dans ses machinations contre
les royalistes, il fait insérer dans le Censeur Eu-
ropéen une *relation des désordres commis à
Lille par des officiers vendéens ;* les journalistes furent traduits devant les tribunaux. Dans
leur défense ils établirent que le secrétaire-gé-
néral, en vertu d'une transaction antérieure, leur
avait envoyé la *relation* et une lettre contre les
missionnaires de Bordeaux, dont ils firent le dé-
pôt. Le ministre ne recueillit que la honte de voir

ses complaisans journalistes condamnés pour des articles qu'il avait envoyés. Telle est la base juridiquement prouvée du 10ᵉ chef d'accusation.

Irrité par tous ces échecs, il n'en est que plus furieux contre les royalistes. Les destitutions les frappent; partout les libéraux les remplacent; il leur fait occuper les postes en attendant un 20 mars ou un 10 août. Tel on avait vu son patron Buonaparte demandant d'abord un passage en Espagne pour ses troupes, plus tard la remise des places fortes, et, ainsi établi, ravir à la famille régnante le trône et la liberté.

Cette conduite atrocement insensée déconsidéra le gouvernement en France et dans toute l'Europe. Cependant les élections de 1818 commencent; les journaux révolutionnaires publient des listes de candidature d'une telle audace, que la participation à l'affreux 20 mars est présentée comme le titre le plus digne pour représenter la nation. Les insinuations ministérielles se joignent à ce manifeste contre la légitimité; les chaises curules sont profanées par les proscripteurs de la dynastie; la Vendée (qui le croirait!) s'est distinguée par d'épouvantables choix... Par quelle infernale tactique ce département, immortalisé par d'héroïques efforts pour relever le trône, ce département si long-temps le quartier-général de

l'honneur et de la fidélité, a-t-il pu donner le scandale d'une aussi déplorable dégradation? Cruel et factieux ministre, voilà votre ouvrage !.. La session s'ouvre sous les plus sinistres auspices. Le Roi fait entendre du haut de son trône ces paroles consolatrices : « Je compte sur votre con-
« cours pour repousser les principes pernicieux
« qui, sous le masque de la liberté, attaquent
« l'ordre social, conduisent par l'anarchie au
« pouvoir absolu, et dont le funeste succès a
« coûté au monde tant de sang et de larmes. »

La terreur est dans le camp des libéraux, dans l'ame du ministre. De nouvelles garanties sont exigées, données; trois ministres sont congédiés. Débarrassé de ces importuns collègues, il rappelle par sa toute-puissance les régicides bannis par une loi solennelle, dont vingt-huit avaient signé l'acte additionnel et avaient accepté des fonctions de l'usurpateur : et cela par un simple rapport non communiqué au conseil. La consternation fut universelle dans la France entière; les plus élo-quentes clameurs éclatèrent de toutes parts en voyant les bourreaux du plus vertueux des rois souiller par leur présence le sol de la patrie. Cette horrible violation d'une loi qui consacrait l'inviolabilité des rois, vengeait l'honneur de la nation et affermissait la maison royale; cette surprise faite à la clémence du Roi pour revêtir de sa signature une ordonnance clandestine et subversive de la légitimité, forment les élémens des 11e. et 12e. chefs d'accusation, entraînant à eux seuls la peine de mort.

M. de Cazes fait nommer trois ministres, c'est-à-dire trois séides, aveugles instrumens de sa fureur. Le gage de leur promotion fut la promesse de soutenir la loi des élections, qui assurait une Convention prochaine et le renversement du trône. La Chambre des pairs, effrayée de l'imminence du danger, délibère une adresse au Roi, pour le supplier de la modifier. La France n'oubliera jamais la fureur avec laquelle les ministres attaquèrent à la tribune cette motion pleine de prudence, de sagesse, et d'avenir. Tous les ressorts de l'intrigue, de la corruption, furent mis en œuvre pour faire *marcher l'agitation*, pour provoquer *le plus saint des devoirs*, pour obtenir des pétitions, pour conquérir le rejet à la Chambre des députés ; des védettes y furent placées jusque dans le bureau, pour vérifier les boules. *La bataille des élections* fut gagnée. Cette affreuse victoire ne suffit pas à M. de Cazes et aux libéraux ; ils veulent s'assurer dans la Chambre des pairs une majorité qu'on n'avait pu obtenir dans celle des députés, qu'aux prix des plus poignantes sollicitudes. Un coup d'état est frappé soixante pairs sont créés, «La France « entière, dit M. de Coussergues, sentit que « l'honneur de la pairie avait disparu, que la « Chambre des pairs n'était plus qu'une fiction. »

Ce coup d'état inoui, dont tous les antécédens démontrent l'horreur et le but, ne pouvant être déféré, puisque la Charte déclare que *le nombre des pairs est illimité*, M. de Coussergues croit devoir rappeler qu'en Angleterre, sous la reine Anne, le comte d'Oxfort fut mis en accusation pour avoir fait une *fournée* de pairs. La reine n'avait fait qu'user de la prérogative royale, et les ministres qui avaient contresigné cet acte n'avaient blessé aucune loi. Mais voici où la Chambre des communes trouva leur culpabilité : elle prétendit que ce n'était pas pour l'utilité de l'état que les ministres avaient fait ces nominations, mais pour leur intérêt particulier ; et l'acte d'accusation fut ainsi conçu : « Le comte « d'Oxfort, grand trésorier de la Grande-Bre- « tagne, est accusé d'avoir enfreint les droits « et l'honneur des seigneurs, en faisant créer « douze pairs pour s'en servir *à ses fins.* » Certes, il n'est qu'un complice ou un insensé qui puisse voir dans ce coup d'état une mesure inspirée par l'intérêt national. Voilà pourquoi

M. de Coussergues désire qu'au défaut d'une jurisprudence établie, on emprunte à nos voisins le motif qui les a dirigés contre le comte d'Oxfort, et que M. de Cazes soit accusé *pour avoir enfreint les droits et l'honneur de la Chambre des pairs, en faisant nommer soixante pairs pour s'en servir à ses fins* (1). Tel est le 13ᵉ chef d'accusation. — Il restait encore des régicides et des bannis à rappeler ; après cette *bataille des élections*, de nombreuses pétitions préparées dans un comité directeur dénoncé par M. Courvoisier, avoué même dans un premier mouvement

____

(1) J'ai vu des députés convaincus qu'on ne pouvait exercer la responsabilité ministérielle , d'après l'article de la Charte, portant qu'il serait fait une loi *ad hoc.* M. C. Perrier a partagé cette opinion et déploré cette prétendue impossibilité dans une mémorable sortie qu'il fit contre les emprunts faits par M. le comte Corvetto. J'ai toujours été étonné que de bons esprits aient été arrêtés par un pareil obstacle qui rendrait la responsabilité illusoire , et détruirait le gouvernement représentatif. Il résulterait de cette erreur que, tandis que l'obscur coupable d'un mince délit est condamné à une peine afflictive ou infamante, le ministre qui aurait trahi les plus importans devoirs , qui aurait commis des vexations, qui aurait compromis la sûreté de l'état, l'existence de la légitimité, ne serait pas atteint

de surprise par le tout-puissant ministre (1),

---

par la loi commune contre ces crimes prévus. Avec de
pareilles synderesses, l'impunité deviendrait la source
des plus grands forfaits, et paralyserait ce gouvernement, qui exige que toutes les fautes soient connues,
dénoncées, et sévèrement réprimées. Pour appuyer
cette assertion, je citerai l'exemple de lord Melville
accusé d'un délit commis dans l'Inde et qui n'était pas
prévu; il ne fut pas moins puni par l'application de la
loi générale, plutôt même par induction que par application directe.

(1) M. de Cazes, pris au dépourvu et n'ayant pas le
temps de recorder ses idées, convint de son existence en
ces termes : *Il est connu, et par conséquent méprisé...* Et
la Chambre ne le mit pas sur-le-champ en accusation!..
Quoi donc, il existe un comité pour influencer les élections, pour organiser des pétitions rebelles ou menaçantes,
dans le but d'arracher des délibérations à la Chambre
des députés! Et le ministre, pris sur le fait, avoue sa
coupable tolérance pour ce comité qu'il aurait dû pour-
suivre ; et il en est quitte pour déclarer qu'il le méprise.
Où en sommes-nous donc, grand Dieu ? Comment la
France est-elle représentée? Quelle idée les députés
ont-ils donc de leurs droits et de leurs devoirs ? J'ob-
serverai en passant que la déclaration de mépris est sa
réponse bannale aux accusations les plus graves. Monseigneur, mépriser n'est pas répondre, surtout lorsqu'il
est question de faits qui compromettent l'honneur et la
fidélité.

de nombreuses pétitions sont présentées en leur faveur. A la suite du rapport la discussion s'ouvre; M. le garde-des-sceaux s'oppose à leur rappel avec une sensibilité, une énergie digne de la tribune antique. Le visir, qui avait pris des engagemens, jaloux d'ailleurs de l éloquence entraînante de son collègue, les rappelle peu de jours après par un second arrêté clandestin; de manière que, sur plusieurs points éloignés de la France, on put à-la-fois savourer la sublime inspiration du garde-des-sceaux, et déplorer le douloureux scandale de ce rappel si menaçant pour la légitimité. Quels étaient donc ces chers bannis qu'on rendait à la France consternée ? Les plus fougueux des auteurs du 20 mars, ceux enfin que Buonaparte, partant pour sa dernière campagne, avait adjoints pour la régence à son frère Joseph. Leur esprit est tout entier dans la lettre suivante, adressée par madame Regnaud de Saint Jean-d'Angély à son mari. « *Il est impossible que ces misérables* « *gens-ci existent; une révolution est inévitable.* « Elle pourra être terrible, mais elle amènera « du bien... *L'on n'a vraiment qu'à souffler un* « *peu fort sur ces odieux misérables* pour les « renverser; ils le sentent bien... Crois-moi, nous « touchons à d'heureuses crises; reviens vite pour « les juger de plus près..... » Que doit-on penser d'un ministre qui ose s'élever au-dessus de la loi, pour accorder tant d'indulgence à tant de fureurs? Certes, il ne faut pas moins qu'une évidente complicité, accompagnée d'une extravagante imprudence.

Le ministre félon et prévaricateur donne bientôt une nouvelle preuve de ses engagemens envers la famille de Buonaparte. Les opérations du collége électoral de la Corse sont soumises à la Chambre. M. Lainé, ancien ministre de l'intérieur, attaqua leur validité (1), le motif pris de l'étrange accroissement du nombre des électeurs. A la fin de 1818, dit-il, il n'y avait en Corse que dix-huit électeurs payant 300 fr.; en 1819 il s'est élevé à trente-cinq. Une pareille augmentation ne peut être due qu'à des motifs, à des moyens également suspects. Il demande en conséquence que la Chambre, avant de statuer, obtienne des renseignemens sur les titres, contrats de ventes, etc., tous très récens, qui avaient créé ces électeurs postiches.... M. de Cazes paraît au milieu de la discussion. « Je dois déclarer, dit-il, que « les opérations électorales de la Corse m'ont « paru être conformes aux principes d'une ad-

____

(1) Moniteur du 4 décembre 1819.

« ministration exacte et fidèle ; qu'aucun abus
« ne m'a été signalé ; qu'ainsi je n'ai pas eu à en
« avertir la Chambre. » — La Chambre toujours
débonnaire se contente, avec son laissez-aller
ordinaire, de l'assertion du ministre. L'examen
demandé par M. Lainé est rejeté ; les élections
sont validées, et elles donnent à la France deux
députés, dont l'un est allié, l'autre parent de
Buonaparte. Voilà les motifs du 14e. chef d'accusation ainsi conçu : *Pour avoir violé la liberté
des élections de la Corse, en faisant introduire vingt-trois nouveaux électeurs dans le
collége de ce département, d'après les titres
simulés ; pour avoir fait exclure dudit collége
MM. Louis et Dominique Morelli, dont les
droits avaient été reconnus et les noms inscrits
sur la liste du 23 août 1819, et de plus d'avoir
empéché l'admission dans ledit collége de trois
autres propriétaires qui payaient les contri-
butions, et remplissaient toutes les conditions
voulues par la loi.*

Cependant le département de l'Isère, déjà
fameux par l'insurrection de Didier, ajoute à
son odieuse *famosité* par l'élection d'un vieux
prêtre bien endurci, *anté* et *ultrà* régicide (1),

____

(1) Nous croyons devoir rappeler ici des détails déjà

le *principe* Grégoire. Son élection est discutée à la Chambre; ce nom affreux, qui rappelle les plus lamentables souvenirs, fait revivre dans le cœur des députés l'indestructible horreur du 21 janvier. Le régicide est exclus par indignité, sans que le ministre daigne prendre part à cette discussion solennelle..... Triste effet d'une mauvaise position ! Il se renferme dans un coupable silence, lorsque tout lui faisait un devoir de se prononcer pour venger l'honneur de la nation,

---

publiés sur cet homme dès long-temps condamné à une honteuse immortalité, à laquelle il acquiert tous les jours de nouveaux droits par la plus odieuse hypocrisie. Lorsque l'infortuné Louis XVI fut reconduit de Varennes, Grégoire, par la plus affreuse initiative, demanda à grands cris son jugement; l'opinion n'était pas encore assez pervertie. Ce vœu sanguinaire ne fut pas exaucé. Depuis cette époque, ce farouche révolutionnaire n'a jamais manqué une occasion de faire éclater sa haine contre le *juste couronné* et sa famille, pour mûrir l'opinion.

Le procès du roi commence. Grégoire venait de publier un écrit philantropique pour supprimer la peine de mort. Ne pouvant sans inconséquence l'infliger à Louis XVI, *il le condamne*, par un raffinement inouï de barbarie, *au supplice de l'existence, comme plus long et plus douloureux.*

pour affermir le trône des Bourbons. Les journaux libéraux retentissent long-temps après de
leurs tendres doléances sur l'expulsion du vertueux prélat, qui y fut pour les frais d'une vo-
lumineuse lettre pastorale aux électeurs, et pour
recevoir uue immense bordée de l'indignation
nationale. Le silencieux ministre eut la stupidité
de faire écrire, dans les journaux stipendiés, que
les royalistes avaient fait cet horrible choix pour
calomnier la chère loi des élections. Ainsi l'on
avait vu l'Assemblée constituante prétendre, par
la plus cynique, la plus barbare dérision, que
les seigneurs incendiaient leurs châteaux, s'y faisaient même brûler, pour calomnier la révolution et le peuple.

Ici se termine la troisième époque du ministère
de M. de Cazes; ici va commencer la quatrième,
dans laquelle la conspiration contre la légitimité
se montre avec plus d'audace et de fureur. Le
ministre y prélude par l'expulsion de tout ce
qui, dans l'armée, les administrations, les par-
quets des tribunaux, est seulement soupçonné
de fidélité. Et il est ambassadeur !... Ces libéraux, par le débordement des doctrines les plus
subversives, par les plus effrénés manifestes contre
les amis des Bourbons; ces malheureux suent et
distillent leur atroce haine pour la légitimité,

haine toujours plus ardente et plus furieuse lorsque le dogme du plus saint des devoirs fait de
nouvelles conquêtes et renverse quelque trône.
Ainsi, ils se montrent les dignes auxiliaires de
cette association mystérieuse et féroce qui menace à la fois tous les souverains du poignard,
tout ce qui est élevé dans l'ordre social du redoutable niveau de l'égalité, mais qui s'arrê-
terait à eux ; car ces ardens apôtres de l'égalité
n'en ont pas moins une ardente soif du pouvoir
M. de Cazes va prouver ses droits à son affilia-
tion dans cette secte impie, qui sera mieux connue par le serment qu'elle fait prêter aux adeptes,
que par les plus véhémentes expressions. Le voici
tel qu'il a été trouvé dans les papiers de Sand.
Mort aux 38 : *Je jure de marcher les pieds
dans les larmes et dans le sang, jusqu'à ce
que le genre humain ait reconquis ses droits.*
Le commentaire de ces mots trop significatifs
se trouve dans les mêmes papiers. « Coup mor-
« tel à Auguste Kotzbue. L'unité n'est que la
« vertu. Je ne vois rien de plus noble à faire que
« de l'immoler comme l'archi-valet et l'égide
« de ce temps de vénalité, toi le corrupteur et
« le traître de mon peuple. O toi, mon peuple
« allemand, hais, *immole* tous ceux qui poussent
« leur coupable témérité jusqu'à oublier ce

» qu'il y a de divin en toi ; qui te tiennent, dans
« leurs mains prétendues habiles, comme un
« troupeau d'insensés, comme un rouage com-
« pliqué auquel ils prétendent imprimer le mou-
« vement. Que la réformation s'achève ! Frères,
« ne vous abandonnez pas les uns les autres dans
« des circonstances orageuses... Debout ! je vois
« le grand jour de la liberté ! Debout, mon
« peuple ! arme-toi de résolution et de cou-
« rage, travaille à ta délivrance. »

Déroulons maintenant cette affreuse série de
forfaits, qui a enfin amené une affreuse catastrophe et un commencement de guerre civile. C'est
ici qu'il faut recueillir toutes les forces de son
ame pour tracer cet horrible tableau ; c'est ici
qu'il faudrait copier M. de Coussergues... Pourquoi faut-il que le desir de propager, de rendre
populaire cet œuvre d'un bon Français, me force
à le tronquer ?

Divisez pour régner, a dit Machiavel. Cette
affreuse doctrine est surtout commode pour les
gouvernemens faibles. Richelieu, quoique doué
d'une grande force de caractère, employa ce
levier terrible pour diviser la famille royale et
subjuguer le faible Louis XIII. On connaît les résultats de sa perfide tactique; Fouché l'a em-
ployée à son tour pour jeter la désunion dans

cette famille infortunée (1). Cette arme était encore plus appropriée aux débiles mains de M. de Cazes; il en a usé en proportion de sa faiblesse et de son impéritie. Ingrat et cruel ministre ! comment a-t-il eu l'affreux courage de ravir à ces malheureux princes jusqu'à l'union domestique, faible dédommagement de tant de calamités ?

Dès la fin de la session de 1815, on voit, dans sa correspondance aux préfets, préluder cette guerre ténébreuse, plus meurtrière qu'une guerre franche. « Un préfet doit toujours, leur dit-il, « parler un langage régulier et monarchique; « il n'y a point, et il n'y a jamais eu en France « de gouvernement collectif. Le gouvernement « du Roi dit beaucoup, plus et beaucoup mieux « que le gouvernement des Bourbons. Tous les « Bourbons sont dans le Roi, qui est tout et ne « meurt jamais. » Cette perfide leçon est en entier de la main de M. de Cazes.

Peu de temps après, on voit paraître dans les journaux anglais des articles faits à Paris, si horriblement fameux, sous le titre de Corres-

____

(1) Voyez la lettre adressée au Roi en 1815 par les membres du dernier ministère.

pondance privée. En voici quelques fragmens
qui mettront dans le plus grand jour la perversité
de ce serpent réchauffé. « Paris, 12 juin 1816. Il
« n'y a pas d'abus dans le gouvernement fran-
« çais qui appelle plus impérieusement une ré-
« forme que l'usurpation de l'autorité exécutive
« dont les ultras des départemens, SOUS UNE
« HAUTE INFLUENCE ET PATRONAGE , se sont
» généralement emparés; le nombre des polices
« est alarmant..... La plus active, la plus éten-
« due, la plus continuelle, est sans comparai-
« son celle qui est connue sous le nom de
« *conseil des princes.* Fouché s'en plaiguait
« amèrement.... M. de Cazes se plaint égale-
« ment de l'ascendant de ce conseil des prin-
« ces. » Il faut, à l'appui de cette imposture,
une fiction, la voici : les fabricateurs de conspiration ne peuvent être embarrassés pour con-
trouver une anecdote.

« Le général Becker, résidant en Auvergne,
« apprend qu'il est exilé à Poitiers. Surpris
« d'un tel ordre, il envoie sa femme à Paris
« avec des lettres pour les ducs de Richelieu et
« de Feltre, dont il était si bien connu, que le
« jour même de son arrivée à Paris, S. M. et
« son conseil annullèrent l'ordre, et autori-
« sèrent le général à rester chez lui. Le préfet

« de Clermont ne s'en rapportant pas à cette
« autorisation, l'envoie chercher peu de se-
« maines après, et lui signifie de quitter le dé-
« partement. Le général, surpris et indigné,
« produit la copie de la révocation de son exil,
« et invoque l'exécution des ordres du Roi et
« de son conseil. — Alors le préfet réplique :
« Je me moque des ordres des ministres; je
« RESPECTE SEULEMENT CE QUI ME VIENT
« DU CONSEIL DES PRINCES; et si vous ne
« quittez le département, je vais vous faire ar-
« rêter, etc. »

Ce journal anglais étant parvenu à Clermont,
on s'empressa de demander au préfet l'explica-
tion d'une chose si incroyable. Il répondit qu'il
n'avait jamais ni exilé M. Becker, ni provoqué
son exil; que cet exil avait été prononcé par le
ministère, et que le ministre de la police avait
annoncé la révocation dans une lettre au préfet
même. — Cette infâme imposture imaginée pour
calomnier les princes, quoique ainsi démentie,
n'en a pas moins été invoquée dans la scandaleuse discussion sur le prétendu gouvernement
occulte, affreuse copie du comité autrichien, aux
approches du 10 août.

Autre. — Paris, 10 juillet 1816. — « Nous

« avons la plus haute opinion de Monsieur ; nous
« éprouvons le plus profond intérêt pour la du-
« chesse d'Angoulême ; les ducs d'Angoulême et
« de Berri sont bien intentionnés ; mais on ne
« doit pas leur permettre de se mêler de ce qui
« regarde le gouvernement... Sur ce point,
« comme sur beaucoup d'autres, le Roi doit
« prendre conseil et exemple de l'Angleterre...
« Le roi ni le prince-régent n'ont jamais souf-
« fert que les princes se mêlassent du gouverne-
« ment ; aussi y a-t-il toujours eu dans leur sys-
« tème une unité et une décision que, jusqu'à
« ces derniers momens, on rechercherait vaine-
« ment dans le gouvernement de France. *Mais,*
« *depuis l'affaire de Grenoble*, des principes
« différens ont pris le dessus.... Une grande par-
« tie du mérite de ces changemens doit être at-
« tribuée au ministre de la police qui, dans le fait,
« *doit être considéré comme un premier mi-*
« *nistre,* ET DONT LES TALENS *le rendent*
« *propre pour ce délicat et difficile office.* »
(Modeste, et du talent !)... « Le véritable homme
« d'état dont l'ascendant semble devenir grand
« dans le cabinet, et dont l'esprit pénétrant et
« le caractère énergique sont visibles dans tous
« les actes de son administration , est M. de Ca-
« zes. Depuis la vacance des Chambres, il a été

(35)

« fait beaucoup par lui pour le repos de son
« pays, pour la stabilité et la popularité du
« trône; il est jeune et plein d'une *noble ambition.*
« Il a une intensité de volonté qui rassure les
« timides et épouvante les turbulens. *La situa-*
« *tion de la Chambre demandait un tel homme*
« *d'état* (1). »

On n'en finirait pas si on voulait rapporter
toutes ces lettres, monstrueux mélange de calomnie contre les princes, d'éloges nauséabondes
pour le ministre.

A la faveur de ces audacieuses impostures, il
croit l'opinion assez corrompue, les défiances assez établies pour attaquer de front l'héritier présomptif du trône. Il fait rendre une ordonnance
pour ravir au frère de son Roi le commandement de la garde nationale, ce digne appui du
trône, ce palladium de la tranquillité publique.
Voici sur quel ton le ministre, enivré par le
succès, proclame ce double outrage envers la
garde et le prince : — 20 juillet 1816. — « *Un*

----

(1) On voit que les secrétaires de monseigneur avaient
affaire à un gascon ; ils ne lui ont pas épargné les adula-
tions et les hyperboles ; à la vérité ils étaient magnifique-
ment récompensés, *et tout flatteur vit aux dépens de*
celui qui le paie.

« *avantage capital* a été obtenu, jeudi dernier,
« par le ministre de l'intérieur, après trois se-
« maines de la discussion la plus animée. Le
« Roi s'est enfin rendu aux efforts persévérans
« de ses ministres constitutionnels, et il a re-
« connu combien serait grave l'inconvénient de
« laisser plus long-temps à l'héritier présomptif
« de la couronne un pouvoir discrétionnaire
« tellement étendu et indépendant, qu'en un
« même jour une armée pourrait être mise en
« mouvement par toutes les provinces du
« royaume, sans que S. M. en eût, auparavant,
« aucune connaissance. Le 18, S. M. a signé
« l'ordonnance qui rétablit le ministre de l'in-
« térieur dans la pleine direction de la garde
« nationale... Les inspecteurs-généraux ne peu-
« vent plus déplacer la force armée que d'après
« une expresse réquisition des préfets, et ils ne
« peuvent plus désormais obéir à des circulaires
« inconstitutionnelles, auxquelles la signature
« du colonel-général (MONSIEUR) suffisait pour
« donner de la validité. CE TRIOMPHE INESTI-
« MABLE QUI EN ANNONCE D'AUTRES, quoi-
« qu'il ne soit pas encore officiellement annoncé,
« a été certainement obtenu avant-hier, *à la*
« *mortification indicible des ultras.*»

Les triomphes annoncés ne se font pas at-

tendre. Sur la route du crime il est difficile de
s'arrêter; un forfait appelle toujours des forfaits.
Ainsi les conventionnels lavaient dans le sang
leurs mains ensanglantées. Du moins, la desti-
tution du prince avait-elle pour prétexte le danger de la place elle-même, plutôt que les intentions du colonel-général. Maintenant plus de
réserve, plus de ménagement; le prince lui-
même, ce prince si digne des respects, de l'a-
mour de la France, va être mis en prévention.
Le ministre convoque ses familiers, leur ordonne
de fabriquer une conspiration contre le Roi, au
nom et dans l'intérêt de MONSIEUR. Les tigellins
obéissent avec leur zèle et leur docilité ordinaire.... La conspiration dite *des cocardes vertes*
est lancée comme un projectile; MONSIEUR est
accusé d'un crime de lèze-majesté! O crime! ô
douleur! Le correspondant privé s'empresse de
publier ce *nouveau triomphe* en ces épouvantables termes:—Le 16 octobre 1816.«La France
« est calme; j'excepte une portion de la Ven-
« dée, qui, sous la fatale influence de M. de
« Maynard et de quelques autres chefs ven-
« déens, a osé, dans plusieurs districts, prendre
« des couleurs et arborer des drapeaux autres
« que ceux du Roi. Vous pouvez juger de l'es-
« prit de cette faction par la devise des cocardes

« vertes, qui est: *Pour lui, sans lui, et contre
« lui....* Je ne vous cacherai pas qu'on pense que
« ce chef (M. de Maynard) n'obéira pas aux
« ordres du ministre, qui lui enjoint de se ren-
« dre à Paris, et qu'il continuera à se livrer à de
« nouveaux actes d'insurrection et de délire. »

M. de Maynard, aussi impudemment calomnié,
adresse au Journal général une lettre dans laquelle il repousse cette imposture avec la noble
fierté qui convient à l'homme d'honneur; déclare
qu'il est à Paris depuis trois semaines, et somme
le lâche anonyme de donner des preuves et de
se faire connaître. Le rédacteur lui répond qu'il
ne peut insérer sa lettre malgré le plus vif désir,
et le prie de passer au bureau du journal pour
lui expliquer ses motifs et lui rendre sa lettre.
M. de Maynard y vole : on lui déclare que la
police a défendu l'insertion de sa réclamation.

Ainsi ce ministre *plein d'une noble ambition,
cet homme d'état tel que la situation de la
France le demandait,* accuse aux yeux de la
France et de l'Europe entière un franc royaliste,
un homme d'honneur, d'un crime de lèze-
majesté ; il enveloppe dans cette accusation
l'héritier présomptif du trône ; et lorsque ce
serviteur fidèle veut donner au tribunal de l'opinion les preuves de son innocence, tout accès

lui est interdit, toute avenue est fermée ; il faut que les deux accusés restent sous le poids de cette horrible prévention. Que de crimes dans ce seul crime ! Et que faisaient donc de plus les Séjan et tant d'autres scélérats, que l'histoire a flétris du sceau d'une éternelle horreur ? Il ne lui a donc manqué qu'une occasion pour être un Roberspierre ou un Marat. Ah ! que n'ai-je le pinceau de Tacite pour le condamner à une affreuse immortalité !

Tous ces forfaits forment la base des 15ᵉ, 16ᵉ et 17ᵉ chefs d'accusation ; le 1ᵉʳ, pour avoir, par la correspondance privée partie de ses bureaux le 20 juin 1816, relative à l'ordonnance publiée à Paris le lendemain, voulu faire croire à l'Europe que S. M. avait retiré à son auguste frère la direction générale de la garde nationale, dans la crainte que ce prince ne s'en servît pour s'emparer de l'autorité royale.

Le 2ᵉ, d'avoir, par ces mêmes correspondances, accusé calomnieusement M. le chevalier de Maynard, inspecteur des gardes nationales dans la Vendée, d'avoir armé un canton de ce département sous la bannière de MONSIEUR, et contre l'autorité de S. M. ; et d'avoir défendu l'insertion des réclamations de cet officier, tandis qu'il faisait

circuler dans toute la France ces feuilles menson-
gères.

Le 5ᵉ, pour avoir supposé une conspiration
tendant à mettre MONSIEUR sur le trône, et même
à porter des mains parricides sur Sa Majesté.

L'arsenal de calomnies qu'il avait établi à
Londres ne suffisant point à sa furibonde impatience de diffamer les princes en attendant de les renverser, il en forme un autre à
Augsbourg, et ces nouveaux poisons sont rapi-
dement répandus en France par la voie de
Strasbourg, où son frère était préfet. Ce séide
favorisa l'entrée de ces journaux avec un zèle
très actif; mais en même temps il usait de toute
la vigilance, toute la sévérité possible pour empêcher l'introduction des feuilles qui dévoilaient
ou réfutaient ces correspondances perfidement
calomnieuses.

Pour élever ce coupable édifice d'impostures
et de trahison, il a fallu tout à la fois tromper et
enchaîner la justice, saper la religion, appeler
les fureurs populaires contre ses ministres, les
proscriptions sur les royalistes, pervertir et
exalter les jeunes élèves des écoles. Tout cela a
été successivement mis en œuvre par M. de
Cazes. L'action des magistrats a été paraly-
sée, soit par la séduction ou la menace, soit

par l'évasion des coupables (1) , soit par la mauvaise composition du jury, soit en ne communiquant pas aux tribunaux les documens qui étaient dans ses cartons. La religion a été minée, conspuée, avilie par les calomnies, la lithographie, les ordres pour empêcher que la croix fût exposée à la vénération des fidèles (2), les soulevemens même contre les missionnaires; par les plus impies profanations, notamment en faisant chanter à St.-Malo en plein théâtre, et adresser à une actrice les hymnes de l'église que ces serviteurs de Dieu n'avaient pu faire entendre à Brest; par des mascarades publiques dans les jours gras, où les cérémonies et les ornemens de l'église furent exposés à la risée du peuple : spectacle horrible qui ne s'était point renouvelé depuis les saturnales républicaines de 1795. On a mis le sceau à ces horreurs impies en ne laissant pas même paraître dans la loi le nom d'une religion auguste et consolatrice qui, suivant l'immortel axiome de Bacon , prend l'homme où la justice civile le laisse. Les royalistes, déjà partout

____

(1) Lavalette et Maubreuil.

(2) Voyez cet attentat commis par le maire de Croï, en vertu d'une loi conventionnelle, approuvé par le préfetet le ministre.

destitués, ont été injuriés, diffamés, vilipendés ; on a poussé la cruauté jusqu'à insulter à leur honorable indigence, jusqu'à les menacer publiquement de les réduire à la condition d'ilotes.... Les jeunes élèves ont été corrompus, fomentés, fanatisés ; on les a initiés dans des discussions politiques qui devaient leur être étrangères sous tous les rapports. Ces jeunes séides, par suite de ces coupables instigations, se sont rangés sous les nières des factieux ; la force a été déployée, le sang de la jeunesse a rougi le sol de la patrie. Quelle devait être la destinée du trône ainsi démantelé ?... Ingrat et factieux ministre, voilà ce que tu as préparé, exécuté et protégé ! Tant de forfaits pourraient-ils être impunis ?

Cette série d'horreurs forme la base des 19e, 20e, 21e, 22e et 23e chefs d'accusation que d'innombrables preuves et la notoriété publique rendent indestructibles.

Il était impossible que tant de crimes occultes et publics ne produisissent pas une affreuse catastrophe. Le 13 février, fut ravi à la France un prince, dont l'affreuse agonie a été une magnifique vie ; avec lui est peut-être descendu dans la tombe l'espoir de sa postérité.... Mais espérons que l'Eternel ne sera pas insensible à tant de vœux qui, de tous les points de la France, s'élèvent vers son trône !... Princesse infortunée, puissiez-vous recevoir de la bonté céleste ce faible dédommagement de tant d'adversités et de tant de douleurs !...

C'est ici qu'éclate la plus coupable négligence, si ce n'est une affreuse complicité. Long-temps avant cette journée à jamais lamentable, les projets d'assassinat contre les princes, et surtout contre Mgr. le duc de Berri, avaient été dénoncés à la police. Une production récente, et qui a été assez bien accueillie du public, *l'Homme des gibeaux*, avait révélé la déposition d'un colonel de gendarmerie de Metz, en 1816, sur un maquignon juif, alors à Paris, qui avait sur lui les preuves de la conjuration. Ce digne militaire sollicita vivement du ministre, en présence d'un grand seigneur, un ordre pour arrêter cet agent de la conspiration, avec toutes les preuves ; l'Excellence *le renvoya au lendemain.* Dans une telle circonstance tout ajournement est un crime. Il retourne le lendemain avec la plus ardente impatience ; au lieu de cet ordre si désiré, il reçoit un ordre pour se rendre à Orléans, où à son arrivée un commissaire de police réclame le passeport et le retient ; le colonel est mis en surveillance pour prix de sa révélation. L'arrestation de ce juif était d'autant plus importante, qu'il était très-intimement lié avec un sellier chez lequel travaillait Louvel, qui a sans doute puisé son atroce rage contre les princes dont il avait juré la mort dès la même époque (1816), d'après ses aveux (1).

Il est de notoriété publique que d'innombrables avis étaient donnés tant au prince qu'à la police. Il en était parvenu de si alarmans à M. le comte Greffulh, que dans le bal qu'il donna à ce malheureux prince, il se livra à une surveillance si active, quelle a coûté la vie à cet honorable pair.

La clameur publique et les journaux ont appris que, plusieurs jours avant le 15 février, l'assassinat et la mort du prince avaient été annoncés sur plusieurs routes.

Un autre fait également important devait exciter la sollicitude et la vigilance de la police. On savait qu'un grand nombre de militaires à demi-solde avaient quitté leur résidence à la faveur de passe ports civils. En voici la preuve : un de ces militaires bien intentionnés se rendait à pied à Paris. A une petite distance, il est rencontré

----

(1) Ce fait, rapporté avec la plus parfaite exactitude, a été étrangement affaibli et défiguré dans le réquisitoire de M. Bellart.

par une de ces petites voitures qui font le service de la banlieue, vulgairement appelés *coucous*. Le cocher invite le fantassin à prendre place dans sa voiture; le marché est conclu, il monte. Un seul militaire l'occupait : il en fait les honneurs. En voyant l'uniforme et l'épaulette du nouveau venu, il se croit avec un de ses pairs... Vous venez sans doute comme moi en vertu de la convention ? — Assurément, répondit-il, pour provoquer les confidences; il en reçoit en effet beaucoup, toutes plus alarmantes les unes que les autres. On arrive à Paris. — Parbleu, dit le royaliste, puisqu'un heureux hasard nous a rassemblés, et que nous servons sous la même bannière, il ne faut pas se quitter sitôt; allons déjeûner. Le cartel est accepté; le libéral à jeun avait été très expansif, il le fut encore davantage en sablant du bon vin; il dit tout ce qu'il savait. Enfin on se quitte, en se donnant réciproquement ses noms et domiciles. — Le royaliste n'eut rien de plus pressé que d'aller épancher son ame douloureusement froissée chez le préfet de police, et de lui transmettre les affreuses confidences qu'il avait reçues. Ce magistrat n'en fut nullement surpris, et fit cette étrange réponse: Les avis de la police nous ont appris qu'il s'était rendu à Paris 7 à 8000 convoqués, et on peut se rappeler que le ministre de la guerre leur ordonna de retourner de suite à leur résidence, sous peine de la privation de la demi-solde.

Après tant de révélations et de symptômes, on peut être au moins surpris qu'aucune mesure n'ait été prise pour la sûreté du prince, et que l'assassin n'ait pas eu de complices. — Mais les libéraux l'avaient affirmé.... Et ils ont eu raison par le fait, contre toute attente.

Quoi qu'il en soit, on a déjà vu que le ministre conspirateur s'était plaint avec amertume de toutes les polices, surtout du conseil des princes, et que *depuis l'affaire de Grenoble* il avait tout centralisé dans ses mains pour obtenir *unité d'action* ; le forfait a été commis, et il n'y a qu'*unité d'assassin*, en dépit de toutes les vraisemblances.

Nous verrons bientôt la déposition du préfet de police, commentée par M. de Coussergues ; elle sera plus concluante que tout ce qu'on a pu dire ; et si l'on pense à l'acharnement avec lequel les princes ont été calomniés ou molestés, la conviction s'acquerra bientôt, la négligence se transformera promptement en complicité morale. En attendant, voyons les premières démarches de M. de Cazes après la catastrophe. « Son premier

« devoir, dit M. de Coussergues, était certai-
« nement de fermer les barrières, d'ordonner
« l'exhibition des passeports, de défendre de
« livrer des chevaux de poste : aucune de ces
« mesures ne fut prise. Le mot convenu, dès
« le 14, fut : *Il n'y a de conspiration que
« parmi ceux qui disent qu'il y a conspi-
« ration.* Il garde Louvel, l'interroge dans son
« hôtel jusqu'à six heures, comme pour em-
« pêcher ce misérable de faire des révélations.
« *Il lui parle à l'oreille;* il écrit : « Un dé-
« plorable événement vient de consterner la
« capitale : M. le duc de Berri, frappé par un
« assassin, a succombé ce matin à six heures...
« Dans la juste horreur qu'inspirera partout
« cet odieux forfait, il importe de suivre la
« trace de tous les bruits auxquels il pourra
« donner lieu, et de surveiller ceux des voya-
« geurs qui (vous allez croire que le ministre
« va dire : qui pourraient être suspects de com-
« plicité dans ce grand crime; non, il est ques-
« tion de voyageurs) qui propageraient de
« fausses craintes, et qui joindraient à la nou-
« velle d'un fait déplorablement trop véritable,
« le récit alarmant d'autres périls. »
Ainsi, ce ministre n'a pu écrire dans ce moment terrible que cette lettre glaciale; n'a pu

montrer de sollicitude que pour ceux qu'on pourrait accuser ! Et tandis que ceux-ci pourraient librement quitter Paris, si un royaliste avait eu l'imprudence de manifester quelques alarmes contre les autres princes, il aurait été arrêté !... Voilà encore les alarmistes ressuscités... Mais il fallait écarter toute idée de complicité pour lui et les co-rées. A la lecture de cette étonnante lettre, il n'est pas un juré de bonne foi qui ne déclarât en son ame et conscience que M. de Cazes n'était pas très irréprochable : et voilà ce qui explique encore la ténacité avec laquelle il désirait la conservation de sa place, pour écarter les révélations..... Mais comme tous les ägens étaient à leur poste, avec leur fidélité connue...... pour le ministre, il a été parfaitement servi, et le seul Louvel a été puni.

Mais, dira-t-on sans doute, l'assassin a constamment nié qu'il eût des complices. — Il n'est pas rare de voir, dans les crimes commis par la fureur de l'esprit de parti, des séides qui descendent avec leur secret dans la tombe. Ils voient dans leur crime un holocauste sur l'autel de la patrie, dans leur silence un devoir ; ils ne veulent point ravir à leurs associés l'honneur d'accomplir leurs grands desseins, ils sont impénétrables ; c'est l'héroïsme du crime. Et *Sand* aussi n'a révélé aucun de ses complices ; il n'est cependant personne en Allemagne qui ne le regarde comme un instrument de cette association ténébreuse et redoutable qui veut égorger tous les rois, tous les grands; et qui s'est obligée par serment de *marcher dans les larmes et dans le sang jusqu'à l'accomplissement du grand œuvre.*

On m'opposera sans doute l'autorité de la chose jugée. Je la respecte infiniment : mais je ne puis me refuser à l'évidence des faits qui ont aussi leur autorité; et la postérité aura à son tour peine à croire qu'après les probabilités offertes par tant de faits, aucune complicité n'ait pu être établie.

Quant à la négligence presque aussi coupable, personne, je crois, ne sera tenté de la révoquer en doute ou de la justifier, pas même M. de St.-Aulaire, dont la tendresse pour son gendre est aussi connue que l'intrépidité de sa haine pour les Bourbons, qu'il a proscrits au nom de l'Eternel. Je dirai, comme M. de Coussergues : si un commandant laisse surprendre par négligence une place forte, il est aussi puni que s'il la livrait à l'ennemi. Mais reprenons les choses d'un peu haut. Dès le moment que M. de Cazes eut fait rendre la fameuse ordonnance du 5 septembre , il se vit trop puissant pour se contraindre à des ménagemens; il n'en usa pas même envers les princes; il supprima toutes les mesures prises jusque-là pour leur conservation. Les princes furent plus exposés, leurs ennemis plus enhardis. Il s'en vanta même avec cette étourderie jactancieuse qui lui était si familière. « Les ultras, « dit-il le 27 novembre 1816, sont extrêmement « indignés de l'expulsion de quelques agens de « la préfecture de police : ils déclarent que les « plus royalistes de cette noble bande d'espions « ont été choisis pour être l'objet de cette dis- « grâce. Mais le public devine aisément le motif « de ce choix, et il présume que ces illustres « martyrs s'employaient plus à servir une coterie « (c'est-à-dire les princes), que la police royale « (c'est-à-dire celle de M. de Cazes); et celle-ci « les ayant pris sur le fait, les a remis à la libre « disposition de leurs *maîtres.* » Ces *maîtres* ne furent plus gardés... La France a vu le 13 février.... Mais parcourons avec M. de Coussergues les autres preuves de cette négligence qui peut être si désastreuse pour la France.

« D'après les règles ordinaires , il devait y « avoir, ce jour-là, à l'Opéra, un commissaire « de police, un officier de paix, et huit inspec-

« teurs. Le prince est frappé, et pas un de ces
« hommes n'a paru. Il est donc évident que
« non seulement la police n'a pas exercé une
« surveillance suffisante autour du prince, mais
« qu'elle a été entièrement nulle à son égard, et
« que S. A. R. n'a pas été plus gardée que le
« spectateur le plus inconnu. — Je ferai à ce
« sujet un dilemme auquel, je crois, vous ne
« verrez pas de réponse : ou l'officier de paix et
« les huit inspecteurs de police étaient à l'Opéra,
« ou ils n'y étaient pas; s'ils n'y étaient pas, la
« police n'exerçait donc pas de surveillance dans
« les lieux où était le prince; et s'ils y étaient,
« ils n'avaient donc point d'ordre pour veiller à
« la sûreté du prince, puisqu'il n'y avait pas un
« seul de ces inspecteurs au seul point où il y
« eût du danger, à cet espace de quelques pas
« qui séparait la porte de la salle de la voiture
« de S. A. R. Ah! s'écrie M. de Coussergues,
« si sur les énormes recettes du ministère, vous
« aviez voulu employer cent louis par an pour
« le salaire de deux inspecteurs qui auraient sur-
« veillé les abords de la voiture du prince, Lou-
« vel ne se serait pas embusqué, et nous aurions
« encore M. le duc de Berri! »

Passons à la déposition de M. le préfet de police. « Le poste de gendarmerie de l'Opéra fut

« porté ce jour-là de 21 à 32 hommes. Il y
« avait huit agens civils ou hommes de la po-
« lice. » — M. le préfet fait l'éloge de chacun
d'eux, quoique pas un ne se soit trouvé aux
approches de la voiture du prince. L'un fait
une tournée dans les salles, et, appelé par un
mouvement, il se porte sur le terrain... après
le coup fatal. « Un autre descend peu avant la
« sortie du prince du bureau de police, se rend
« avec un inspecteur de police, où?.. au café
« de la rue Rameau, prend un verre de liqueur ;
« il rentre et va... où ?.. auprès de la porte ou
« de la voiture du prince ?... non. Il remonte
« dans son bureau... Un autre s'aperçut, *à tra-*
« *vers les vasistas* d'une loge AUX TROISIÈ-
« MES, de quelques mouvemens qui annonçaient
« la sortie prochaine du prince ; il descend
« *promptement*, et si *promptement*, que l'assas-
« sin était déjà arrêté.... Un officier de paix des-
« cend dans la rue Rameau vers dix heures et
« demie. Il assure que toutes les consignes étaient
« exactement observées. — Cependant personne
« ne gardait le passage du prince, et des voitures
« stationnaient dans la rue, *où il ne devait ce-*
« *pendant pas en stationner.* Si la défense eût
« été observée, Louvel n'aurait pu s'embusquer. »

Un inspecteur se rend un peu avant onze

heures dans la rue Rameau, pour assister au départ du prince ; mais au moment où le piqueur monte à cheval, il va à l'autre extrémité de l'Opéra ; il veut revenir : à moitié chemin il entend le cri, *à la garde, arrêtez!* Le prince était assassiné.

D'après tous ces faits fidèlement extraits de sa déposition, plus il y avait de monde, plus il est inexcusable de n'avoir pas veillé sur les jours du prince ; et si ces gens de police ont reçu des éloges de leur chef, c'est sans doute parcequ'ils n'ont exercé aucune surveillance, et cette négligence a livré la victime à son assassin !.... — Au reste, qu'attendre d'un magistrat qui, à l'exemple de son maître, avait impitoyablement expulsé les royalistes de son administration, et qui avait commis, à l'égard de M. le baron Lainé, une horrible injustice qui doit être connue du public. M. le duc de Berri avait fait nommer lieutenant-colonel de la gendarmerie de Paris, M. le baron Lainé, ancien major des chasseurs de Berri, qui, se trouvant à Compiègne à la tête de ce régiment, le 11 mars 1815, avait empêché Lefebvre-Desnouettes de marcher sur Paris, où il aurait pu tenter d'enlever la famille royale. Le prince n'avait cessé de combler de bontés M. Lainé ; à peine cet officier eut-il perdu son auguste protecteur, que le préfet de police a trouvé le moyen de lui ôter sa place : et ce qui ne laisse aucun doute sur l'esprit dans lequel cette réforme a été faite, c'est que M. le préfet a exclu en même temps de ce corps les officiers les plus distingués par leur fidélité et leur dévouement au service du Roi. — M. Lainé avait obtenu des lettres de noblesse, et il est réduit au traitement de réforme de 1000 francs, quoique père de cinq enfants.

Lors des derniers troubles et des séditions des boulevards, M. Lainé, quoiqu'en retraite depuis cinq jours, prit les ordres du commandant de la place pour se porter sur les lieux où l'habitude de faire la police à Paris pouvait le rendre plus utile. Cette marque de zèle du vieux serviteur de M. le duc de Berri, déplut à M. le préfet de police, qui adressa une réquisition à M. le commandant de la place pour que M. Lainé fût arrêté et traduit à l'Abbaye, comme ayant continué à porter l'uniforme de la gendarmerie, quoiqu'il en eût le droit...!...!...!

Ici finit la tâche de M. de Coussergues; ici se termine cet ouvrage mémorable inspiré par un patriotisme courageux et éclairé, dirigé par un cœur pur et vertueux, régularisé par une logique lumineuse et saine, appuyé par une innombrable

quantité de preuves également indestructibles.
Puisse-t-il devenir populaire, et nationaliser la
haine que nous devons tous à l'ennemi public !
C'est cet ardent desir qui nous a donné l'idée de
reproduire dans un moindre volume, et par
conséquent à un moindre prix, cette utile production, qui doit être dans tous les cœurs comme
dans toutes les bibliothèques. M. de Coussergues
voudra bien nous pardonner cette mutilation,
dont le motif ne peut lui être désagréable, et dont
les résultats peuvent être très utiles. Avant d'en-
tamer le chapitre des concussions qui a été légué
aux bons Français par M. de Coussergues, qu'il
nous soit permis de prendre encore dans son
écrit un passage qui exprime un vœu bien sage-
ment patriotique, et qui recommande singuliè-
rement l'auteur à la vénération publique. « Si
« ceux qui auront lu cet écrit avec indulgence
« voulaient connaître mon opinion sur les choix
« qu'ils ont à faire, je leur dirais. Il existe dans
« votre arrondissement quelques hommes à qui
« chacun voudrait confier la tutelle de ses en-
« fans ; confiez-leur la tutelle de l'état. » N'est-ce
pas le conseil de la sagesse, la candeur d'une ame
pure tendrement attachée à la prospérité de la
patrie? Ou croirait avoir lu ces mots dans Fé-
nélon.

C'est ici maintenant que commence notre ministère d'après le legs de M. de Coussergues. Ce chapitre sera court, mais mathématiquement démontré ; et l'on ne raisonne pas contre les chiffres.

La concussion est, si je ne me trompe, la perception de sommes imposées sans autorisation légale.

Je parlerai d'abord de l'impôt sur les jeux. Je ne m'occuperai pas des considérations morales qui s'élèvent contre ces cavernes où se préparent tous les crimes : le gouvernement en est responsable, et cette responsabilité est effrayante.

Pour purifier un peu le honteux produit de cette immorale tolérance, il faudrait du moins qu'ils tournassent au profit des hospices, et qu'une comptabilité plus claire que le jour démontrât cet emploi ; car le soupçon de s'en être approprié la plus faible portion devrait faire mourir un homme de honte et de douleur.

Pendant plusieurs années, le ministère de la police a reçu cet ignominieux tribut sur la plus dangereuse des passions, sans rendre aucun compte. Dans la session du 1817, la Chambre des députés s'occupa, en rougissant, de ce hideux objet, et, au lieu de faire fermer ces antres, se contenta d'ordonner que les comptes en seraient rendus, au hasard de salir le budget. L'année suivante on y vit paraître un versement de 5,916,000 fr.; et le ministre de la police, querellé sur l'emploi de ces fonds, repoussa cette objection avec beaucoup de jactance. « Certes, « dit-il, c'est bien mal prendre son temps pour « attaquer le ministre dans un moment où, pour « la première fois, on voit figurer dans les re- « cettes de l'état un versement de 5,916,000 fr. » Certes, pour cette fois il avait raison, car la somme y était portée; mais malheureusement quelques pages plus bas on aurait pu trouver qu'il l'avait retirée; ce qui, par parenthèse, aurait mérité un acte d'accusation contre le ministre de la police qui avait repris la somme, et le ministre des finances qui l'avait souffert. Mais les budgets français sont si effrayans par leur volume et leur obscurité, que peu de députés ont le courage et la patience de les étudier. L'assurance et le crédit du visir firent cesser toute discusssion.

Depuis cette époque, le ministre, par une délicatesse apparente, eut l'air d'abandonner à la commune les bénéfices sur les jeux; mais sur le produit du nouveau bail qui s'éleva à 6,500,000 francs, il s'en réserva cinq millions, dont aucun compte n'a été rendu, grâce à sa toute-puissance.

— On ne pourra être taxé d'exagération en en
portant le produit annuel à   6,000,000

L'impôt sur les prostituées, plus
impur encore, et que ces créatures
infâmes proclament si souvent
dans les rues, et dont on ne peut
parler sans rougir, rapporte au
moins   1,800,000

La caisse de Poissy, sur laquelle s'exerce un monopole très
souvent dénoncé, rapporte de
2 à 5 millions. — Porté pour   2,000,000

Pour en finir de ces ignobles
manutentions, nous compren-
drons dans un même article les
boues, les lanternes, guinguettes,
étalages sur les boulevards, taxe
sur les fiacres, cabriolets, timbre
extraordinaire sur les journaux,
passeports, pots de vins sur les
marchés et approvisionnemens de
Paris. — On ne peut évaluer tout
cela au-dessous de   5,200,000

          Total.....   13,000,000

On ne peut, sur la plupart de ces objets, donner

que des évaluations approximatives, susceptibles
peut-être de réduction ; mais que la concussion
soit plus ou moins forte, elle est toujours un
délit. N'y eût-il que le premier article matériellement prouvé, il suffirait pour établir la concussion, et motiver un nouveau chef d'accusation.

Et si ce délit n'était pas assez grave par lui
même, ne le deviendrait-il pas en disant que les
fonds provenant de ces sources impures ont été
employés à l'espionnage le plus atroce, à payer
des forfaits de tous les genres, à porter la corruption dans toutes les classes de la société, à pervertir l'opinion, calomnier les meilleurs appuis
du trône dans le sein des nations étrangères. Le
défenseur du général Canuel a imprimé que cette
scandaleuse diffamation des royalistes coûtait
300,000 francs par an, et il a acquis le droit
d'être cru sur parole.

Tel est le hideux tableau d'une administration
de cinq années, et si fertile en crimes qu'on serait
tenté, si l'on ignorait les époques, de lui donner
la durée d'un siècle. Tout ce que l'audace a de
plus outrageant, la perversité de plus criminel,
la vengeance de plus atroce, les doctrines de plus
anti-social, la férocité de plus odieux, l'ingrati-
tude de plus révoltant, le machiavélisme de plus
perfide, l'imposture de plus cynique, la persécu-

tion de plus implacable, la dilapidation de plus effréné, la cupidité de plus abject, l'orgueil de plus révoltant, l'ambition de plus insensé, l'irréligion de plus éhonté, se retrouve dans ces cinq années funestes. Oh! si les victimes immolées pendant cette période pouvaient revenir à la vie, ou faire entendre leurs plaintes, quel concert de malédictions éclaterait sur tous les points du royaume! Mais ce qui donne au ministre tout-puissant plus de droits à l'exécration publique, et à celle de la postérité, c'est que l'action de tant de crimes, au lieu de se concentrer dans la malheureuse France, menace l'Europe entière d'une subversion générale. Du moment, en effet, qu'une guerre à mort a été déclarée par lui aux royalistes quelle redoutable influence a été donnée aux libéraux, ces éternels artisans de troubles et de commotions! Fidèles aux traditions et aux exemples de leurs prédécesseurs, ils ont, par leur propagande, soulevé, mis en fermentation tous les levains révolutionnaires dans les deux mondes. Sur quelque point du globe que fût déployé l'étendard de la rebellion, ils s'en déclaraient les auxiliaires; leurs écrits encourageaient les insurgés, proclamaient, exagéraient leurs succès; des souscriptions étaient ouvertes pour propager le plus saint des devoirs. Ils ont osé presque intimer

aux souverains l'injonction d'adopter le gouvernement représentatif; et, ce qui donne la mesure
de leur bonne foi , c'est que pendant qu'ils avaient
l'air de s'armer contre le pouvoir absolu , de
vouloir rompre les chaînes qui pesaient sur les
peuples, la France, libre sous un gouvernement
mixte, voyait souvent éclore de nouveaux atten-
tats contre l'auteur de la Charte et sa famille.
Pourrait-on être plus long-temps dupe de cette
philantropie libéralement perfide ? Pour qui sait
interroger le passé, le présent est facile à juger,
l'avenir à préjuger. N'oublions jamais que les
premiers révolutionnaires demandaient modes-
tement une liberté raisonnable et sage ; à peine
l'eurent-ils obtenue du trop vertueux LouisXVI,
que par la plus horrible férocité ils la tournèrent
contre cet infortuné monarque.... Affreux 21 janvier!.. Il faut absolument, à leur ardente soif du
pouvoir que la légitimité disparaisse, que la première dignité de l'état soit élective pour ouvrir
une vaste carrière à leur dévorante ambition...
Et le ministre qui a vomi tant de crimes et de
dangers ne porterait pas la peine de tous ses mé-
faits !... Et la France entière ne s'écrierait pas,
comme l'incorruptible M. de Coussergues, il faut
accuser M. de Cazes?... Qu'au souvenir de tant
de victimes, de calamités, et du 13 février; qu'à

la vue de tant de symptômes effrayans, l'indignation publique éclate de toutes parts, et qu'avec
elle retentisse comme un coup de tonnerre un
cri accusateur contre l'homme qui a bouleversé
les destinées de la patrie, menacé celles de l'Europe! Que faudrait-il donc aux Français pour
provoquer cette patriotique explosion. si la coupable tentative qui vient d'être faite, si les mouvemens séditieux de Brest où M. Bellart a été
menacé aux cris : à bas l'assassin de Ney et de
Louvel! n'enflammaient pas tous les cœurs d'une
sainte horreur, et n'en faisaient saillir ce cri si national : Il faut accuser M. de Cazes ?

O vous, monarques dont la tardive union
fait la plus grande époque de l'histoire moderne,
vos armes triomphantes ont reconstitué l'Europe
sur ses antiques bases; mais ce n'est pas assez. Par
l'immortel traité de la sainte alliance vous avez
promis le bonheur aux nations, vous avez pris
l'engagement d'extirper l'hydre révolutionnaire.
Les libéraux n'en ont pas moins suivi leurs tra-
mes criminelles; à leur appel les illuminés d'Al-
magne se sont agités, et en attendant la grande
explosion ils ont armé les assasins contre la fidélité. — Vous avez solennellement annoncé de
grandes mesures, indiqué un congré à Carlsbad;
un moment terrifié les libéraux, rassurés par la

lenteur de l'exécution, ont provoqué le soulève-
ment de vos peuples, et déjà deux rois ont dé-
posé leur diadême devant une soldatesque re-
belle. En vous laissant attaquer isolément par les
armées françaises, vous avez été vaincus ; si vous
n'opposez pas une forte et puissante digue à l'hydre révolutionnaire, il vous dévorera. Vous
n'avez peut-être que peu d'instans pour agir avec
vigueur, avec espoir de succès ; plus tard vous le
voudrez en vain. Le moment est décisif.... Un
volcan est sous tous les trônes... L'Europe peut
être raffermie par vous, ou plongée dans les horreurs d'une conflagration générale... Il faut que
la monarchie succombe lâchement, ou se relève
avec gloire... Choisissez !

POST-SCRIPTUM.

A peine M. de Cazes a-t-il pris possession de
l'hôtel de l'ambassade française à Londres, que *le
Courrier* s'est occupé de ce diplomate improvisé.
Il lui a consacré un long et très inconvenant article sous le titre de *Panorama de Paris*, qui
n'annonçait qu'une galerie ingénieuse et piquante
des coutumes, usages et mœurs de cette capitale de la France. Au lieu de ce tableau mou-
vant, au lieu de ce badinage léger qu'on avait droit

d'attendre, on y trouve des éloges emphatiques de l'ex-ministre, des traits irrévérencieux pour la famille royale, et beaucoup de germes de ces principes subversifs qui menacent à la fois la tranquillité des nations et la civilisation européenne. Un journaliste s'est élevé avec beaucoup d'énergie, dans le *New-Times*, contre celui de de ses collègues qui a aidé à la propagation de ces germes de discorde. Nous croyons faire plaisir à nos lecteurs en leur faisant connaître la traduction fidèle de cet article fait dans des principes éminemment conservateurs; et en attendant, nous allons mettre sous les yeux du public un passage bien injurieux pour le Roi et son auguste famille. Il donnera une idée bien satisfaisante des résultats que promet une ambassade qui débute sous de pareils auspices.

« Le duc d'Angoulême, dit cet article, est
« aimé dans toute la France, même par tous ceux
« qui ne sont pas attachés aux Bourbons. On a
« remarqué qu'il n'avait jamais figuré dans ce qui
« avait été fait pour éloigner M. de Cazes. La
« présence de ce dernier à Paris fixait l'atten-
« tion de tous les partis. SON INFLUENCE EST
« CONSIDÉRÉE D'AUTANT PLUS PUISSANTE,
« QUE C'EST UNE INFLUENCE OCCULTE QU'IL
« FAIT OPÉRER SANS AGIR LUI-MÊME. Que de

« personnes désirent savoir s'il reprendra ou non
« le porte-feuille après son ambassade à Londres,
« qui, *à ce qu'on pense,* ne sera pas de longue
« durée ! » Voilà donc l'aveu de cette influence
occulte qu'on lui a reprochée dans *l'Homme des
gibeaux* et dans d'autres productions, influence
dont on ne saurait douter en voyant tous ses
complices à leurs postes, et son système hostile
contre les royalistes suivi avec la même acti-
vité. Il est cependant fâcheux pour son Excellence, dont ce journal fait un vil et dangereux in-
trigant, que cette déclaration d'influence con-
coure avec la conspiration qui vient d'éclater.
Quelle affreuse responsabilité il fait peser sur la
tête du diplomate ! — On remarquera sans doute
que le journaliste, bien soufflé, menace les Français du prochain retour de *l'homme de malheur,*
après cette ambassade *qui ne saurait être de
longue durée.* L'Excellence sait très bien que la
crainte des revenans peut empêcher beaucoup
de révélations. Le bout d'oreille, si ce n'est l'o-
reille entière, a percé dans cette petite insinua-
tion.

Mais hâtons les jouissances du public, en lui
livrant cet article important. M. le duc de Cazes
sentira peut-être, malgré sa légéreté, ou on lui fera

sentir combien il lui convient de citer devant les tribunaux ce journaliste si imprudemment offi-cieux, et que son silence prouverait sa compli-cité.

REVUE

DU PANORAMA DE PARIS,

N°. 1.

(Extrait du New-Times du 9 août).

Ce n'est pas sans plaisir que nous vîmes annoncer, dans un journal très respectable (*the Courrier*), une série d'essais, sous le titre de *Panorama de Paris*, ostensiblement destinés à tracer le tableau des mœurs, coutumes, et des nouvelles de la capitale française, et principalement de tout ce qui peut intéresser un voyageur anglais. Le titre nous parut bien choisi, et le plan séduisant. Il ne restait qu'à juger de l'exécution par le premier numéro que nous lûmes par conséquent avec beaucoup d'attention; mais, nous sommes fâchés de le dire, le résultat a complètement trompé notre attente. L'intention de l'auteur (ce qui, nous en sommes persuadés, a échappé à l'attention de notre confrère) est totalement différente de l'objet qu'il professe. Sous le masque de *badinage* léger, il cache un plan médité de dépravation politique, s'efforce de disséminer le poison des principes révolutionnaires dans la forme d'anecdotes de la cour et de la capitale, d'aventures assez scandaleuses, de sujets fugitifs de conversation.

Nous ne sommes point dans un temps où l'on doive épargner les corrupteurs de l'opinion publique. Au moment où les mines font explosion autour de nous, où les *libéraux* du continent se montrent dans leur véritable caractère de rebelles, où enfin nos propres incendiaires s'épuisent en effet pour produire une semblable convulsion en Angleterre, il est de notre devoir, comme écrivains publics, de signaler des dangers de cette nature, de quelque côté qu'ils paraissent venir; et certainement nous ne manquerons pas de remplir ce devoir, parce que le trait empoisonné est parti de dessous le bouclier d'un de nos propres associés, dans la cause de l'ordre et d'un bon gouvernement.

Nous dénonçons donc le *Panorama de Paris* comme la production d'un *révolutionnaire* caché; et nous appuierons cette assertion en faisant une revue franche et sincère du premier essai. Si nous avons tort, il sera facile à l'auteur

de repousser l'accusation en défendant ouver-
tement des principes qu'il a plutôt insinués
qu'avoués dans cet essai.

Son double objet est de *blanchir* le caractère
de M. Decazes et de noircir celui des hommes
les plus honorables et les plus loyaux en France.

1°. Voici comment il parle de M. Decazes (1) ;
« Le duc d'Angoulême est aimé dans toute la
France, même par ceux qui ne sont point
attachés aux Bourbons. On a remarqué qu'*il*
n'avait jamais figuré dans ce qui avait été fait
pour éloigner M. Decazes. La présence du dernier à Paris fixait l'attention de tous les partis.
Son influence est considérée d'autant plus puissante, que c'est une influence occulte, qu'il
fait opérer sans agir lui-même. Que de personnes
désirent savoir s'il reprendra ou non le porte-
feuille après son ambassade à Londres, qui, *à
ce qu'on pense*, ne sera pas de longue durée. »
Le respect dû au caractère d'un ambassadeur
nous force de croire que M. Decazes lui-même
doit être entièrement étranger à ces insinuations,
et même qu'il doit être indigné de se voir ainsi
dépeint comme le plus vil des intrigans politi-

---

(1) Le *New-Times* n'écrit jamais autrement ce nom.

ques ; car qu'est-ce que l'auteur du Panorama donne à entendre ? Nous en appelons au bon sens et à la bonne foi de tout lecteur intelligent, si dans ce passage l'auteur n'a pas voulu dire que M. Decazes avait été éloigné du pouvoir par l'intervention des plus proches et plus chers parens du duc d'Angoulême ; que son Altesse royale différait d'eux sur ce point, et qu'à cause de son attachement à l'ex-ministre, S. A. R. est aimée dans toute la France, tandis qu'eux, pour avoir un sentiment opposé, sont détestés ; enfin que la famille royale de France ne se compose que de personnages d'une conséquence secondaire, et que le duc d'Angoulême lui-même n'est qu'un satellite qui se meut autour de la planète gouvernant la France, M. Decazes ?

Assurément il y a une grande indécence dans de pareilles suggestions. Elles doivent, à juste raison, offenser la délicatesse de l'ambassadeur lui-même ; en outre ce sont des flatteries qui cachent la satire la plus amère. Nous savons tous que M. Decazes fut éloigné du pouvoir immédiatement après l'horrible assassinat du duc de Berri. Or, pourquoi, dans un moment tel que celui-là, le malheureux père, la veuve et la belle-sœur de l'illustre victime auraient-ils voulu se priver, et le pays en général, des services d'un ministre incomparable ? Il est vrai que M. Clausel de Coussergues, représentant très honorable, magistrat expérimenté et le plus loyal sujet, a, dans la Chambre des députés, accusé M. Decazes d'avoir indirectement contribué à cet horrible assassinat, par la mauvaise administration dans les départemens de la police et de l'intérieur. Il est vrai que cette accusation est toujours suspendue, comme l'épée de Damoclès, sur la tête de l'ex-ministre. Car M. de Coussergues, loin de l'abandonner, a déclaré que, dans le courant de la session prochaine, il en ferait la base d'une motion formelle de censure ou d'accusation. Mais les amis de M. Decazes nous ont dit que c'était une extravagance de la part de M. de Coussergues. L'auteur du Panorama voudrait-il insinuer que de semblables soupçons ont opéré en quelque sorte sur l'esprit des augustes personnages que nous avons mentionnés? S'il en est ainsi, il a certainement choisi un moyen très peu judicieux de recommander son héros à la faveur des autres familles souveraines de l'Europe. Quant à nous, nous n'émettrons point d'opinion sur l'accusation de M. de Coussergues; nouschercherons encore moins à deviner quels sont les sentimens qui agitent ou non l'esprit de MONSIEUR, de MADAME, ou de la duchesse de Berri, relativement à M. Decazes; mais nous dirons qu'il doit être pénible pour un ambassadeur de France, possédant l'élévation d'esprit qui sied à sa place, de se voir ainsi mis en opposition avec les plus augustes personnages de son pays, sous prétexte de décrire un panorama de Paris !

Nous disons encore que M. Decazes doit être indigné de se voir dépeint par l'auteur du Panorama comme ayant des intrigues secrètes à Paris, qu'il y dirige au moyen de son « influence oc-« culte », quand toute son attention devrait être absorbée (comme elle l'est sans doute) par les devoirs de sa place à Londres. Et comment se fait-il qu'il « la fasse opérer sans agir lui-même ? » Quels sont ses instrumens, ses moyens ? L'argent, nous le savons, est une source proli-fique de corruption dans tout le monde ; mais si l'auteur du Panorama veut insinuer que M. De-cazes emploie sa grande fortune pour un objet aussi bas, on doit présumer qu'il fait une grande injustice à son Excellence. En parlant de la for-tune de M. Decazes, nous ne sommes que l'écho du bruit populaire, qui lui donne des biens en Picardie, en Poiton, et sur la Dordogne, dont le revenu est de 400,000 francs par an, indépen-damment de l'argent et de billets en porte-feuille, dont la valeur n'est naturellement connue que de lui seul. Il est possible que cette somme soit exagérée, car il doit en avoir amassé la plus grande partie depuis juillet 1815, époque à laquelle il fut nommé préfet de police. Avant ce temps toute sa fortune, qu'il avait acquise au service de madame Buonaparte, et d'une autre manière, ne s'élevait pas à plus de 120 ou 140 mille francs; et son traitement d'environ 6000 francs par an, comme conseiller à la Cour *impériale* de Paris, lui était très nécessaire. Il n'avait point alors quatre ou cinq *châteaux*, mais il occupait un modeste logement *au second*, dans la rue Bergère. Cependant il paraît être très possible de faire une fortune rapide dans le ministère de la police ; car son prédécesseur, Fouché (qui comme lui fut fait aussi duc pour ses services éminens acquit environ la même somme) dans le même laps de temps.

« *On pense*, dit l'auteur du Panorama, que « l'ambassade de M. Decazes à Londres ne sera « pas de longue durée. » Nous ne savons pas quels sont *ceux* qui pensent ainsi; et nous croyons que l'auteur n'est pas assez dans la confidence de son Excellence, pour savoir si M. Decazes a ou n'a pas cette opinion. Nous observerons, toutefois, qu'en quittant une ambassade on ne reprend pas toujours un portefeuille ministériel ; car quoique nous ne voulions pas faire à M. Decazes l'injustice de le comparer sous beaucoup de rapports à Fouché, cependant nous ferons la

remarque que celui-ci fut envoyé d'un ministère à une ambassade, et d'une ambassade en
exil, où il est encore.

2°. Non content de prodiguer l'adulation à
M. Decazes, l'auteur du Panorama laisse aper-
cevoir encore plus clairement son pied fourchu,
en invectivant la noblesse française et les royalistes en général.

C'est ici que nous éprouvons autant de surprise que de regret. Nous sommes étonnés qu'un
journal qui mérite tant de son pays, par la manière dont il défend la partie loyale du peuple
anglais, et surtout les hautes classes de la société,
des attaques de la calomnie, admette dans ses co-
lonnes des imputations aussi impudentes contre
ces mêmes classes d'hommes en France. Il est
grand temps d'ouvrir les yeux : nous devons
voir que, comme les principes de la loyauté
sont indépendans du sol et du pays, les artifices
de la malignité des révolutionnaires sont les
mêmes dans toute l'Europe. La presse séditieuse
en Angleterre n'a jamais manqué d'insinuer
que la rébellion à Derby, et le comté de
Thistlewood, furent incités par les agens du
gouvernement anglais : l'auteur du Panorama
avance, dans le même esprit et dans les mêmes
vues, que les troubles qui eurent lieu à Paris, il

y a deux mois, furent suscités par les agens du gouvernement français. « Comment, en effet, peut-on concevoir, dit l'auteur du Panorama, que des hommes s'assemblent, absolument sans armes, dans des endroits indiqués, sans proférer aucun cri jusqu'au moment où les troupes paraissent ; et en les voyant approcher, qu'ils éclatent en propos faits pour exciter les soldats à les charger ? » Telles sont exactement les raisons pitoyables qu'on allégua en faveur de Hunt et de sa clique à Manchester.

Mais que peut-on attendre d'un écrivain qui dit d'un ton railleur : « L'ancienne noblesse est patriotique ? » Malheur à la France, si cette classe, la noblesse française, n'est pas, comme en Angleterre, le principal boulevard d'un patriotisme éclairé ! Malheur à la cause des gouvernemens établis dans toute l'Europe, si l'*aristocratie naturelle* des différens pays n'est pas au moins aussi patriote que cette autre classe d'hommes ! Les anciens nobles de France forment toujours l'aristocratie naturelle de ce royaume, c'est-à-dire qu'ils sont (malgré toutes les confiscations de la révolution) ses principaux propriétaires ; et que, généralement parlant, ce sont les individus les plus respectables par leur naissance, leur éducation, et leurs principes. S'il n'y a point de patriotisme parmi cette classe d'hommes, où en trouvera-t-on en France? Serait-ce dans la fange et dans le sang de la révolution, dans les anciens Jacobins, ou dans les nouveaux *parvenus?*

Si l'auteur du Panorama peut répondre d'une manière satisfaisante à cette question; s'il peut démontrer que ses principes ne sont pas absolument incompatibles avec la perpétuité des gouvernemens existans en Europe, ou que l'adulation qu'il prodigue à M. Decazes n'est pas faite pour dégrader ce ministre aux yeux de tout honnête homme, nous nous empresserons de convenir qu'il n'est pas ce que nous le croyons être à présent, *un révolutionnaire dans l'âme.*

F I N.

www.ingramcontent.com/pod-product-compliance
Lightning Source LLC
Chambersburg PA
CBHW071502030726
47593CB00003B/1115